ख्याल-ए-शबद

जे पी टी प्रकाशन

हम इस पुस्तक को सफल बनाने के लिए जस्टपेंटथॉट्स लिटरेरी हाउस और जेपीटी प्रकाशन को धन्यवाद देना चाहते हैं।

क्रम-सूची

क्रम-सूची

क्रम-सूची

प्रस्तावना

यह एक संकलन है, मूल रूप से कवियों के मन में उत्पन्न विचारों वाली एक पुस्तक है। यह पुस्तक विचारों की उपज है। वास्तविक घटना से कोई भी समानता विशुद्ध रूप से संयोग है। पुस्तक की सभी सामग्री अद्वितीय हैं और संबंधित लेखकों की मूल रचनाएँ हैं।

पावती (स्वीकृति)

प्रस्तावना में, जो कृतज्ञता दिखाने की आदत पर केंद्रित थी, मैंने आपको, पाठक को पहचाना और स्वीकार किया। ऐसे बहुत से लोग हैं जिन्होंने इस पुस्तक को साकार करने में मदद की, और मैं उन सभी का आभारी हूं। एक बार जब यह पुस्तक मेरे दिमाग में पांडुलिपि के लिए एक अवधारणा के लिए जाने लगी, तो ऐसे कई लोग थे जो स्वीकार किए जाने और धन्यवाद के पात्र थे। यह संकलन "जस्टपेंटहौघ्ट्स" और प्रोजेक्ट हेड का एक हिस्सा है और सभी सह-लेखकों को उनके राइटअप को सफलतापूर्वक पूरा करने के लिए मार्गदर्शन करता है। मैं JUST PEN THOUGHTS साहित्यिक घराने को भी JPT PUBLICATION के तहत इस संकलन को प्रकाशित करने के लिए धन्यवाद देना चाहता हूं।

हिन्दी दिवस

हिन्दी दिवस प्रत्येक वर्ष 14 सितम्बर को मनाया जाता है। 14 सितम्बर 1949 को संविधान सभा ने यह निर्णय लिया कि हिन्दी केन्द्र सरकार की आधिकारिक भाषा होगी। क्योंकि भारत मे अधिकतर क्षेत्रों में ज्यादातर हिन्दी भाषा बोली जाती थी इसलिए हिन्दी को राजभाषा बनाने का निर्णय लिया और इसी निर्णय के महत्व को प्रतिपादित करने तथा हिन्दी को प्रत्येक क्षेत्र में प्रसारित करने के लिये वर्ष 1953 से पूरे भारत में 14 सितम्बर को प्रतिवर्ष हिन्दी-दिवस के रूप में मनाया जाता है। स्वतन्त्रता प्राप्ति के बाद हिन्दी को आधिकारिक भाषा के रूप में स्थापित करवाने के लिए काका कालेलकर, हजारीप्रसाद द्विवेदी, सेठ गोविन्ददास आदि साहित्यकारों को साथ लेकर व्यौहार राजेन्द्र सिंह ने अथक प्रयास किये।

शाहीन शाह

यह शाहीन शाह हैं। वह बैंगलोर, कर्नाटक से ताल्लुक रखती हैं और वह जस्टपेंटथॉट्स का भी हिस्सा हैं। इसके अलावा वह एक कवयित्री, लेखिका और एक पाठक भी हैं। लेखन मेरी प्राथमिकता और शौक भी है, हालांकि अजनबियों के साथ अंतर्मुखी लेकिन करीबी लोगों के साथ बहिर्मुखी। जैसा कि उनका मानना है कि "लेखन एक दिल को ठीक करता है और शांति भी देता है"। उन्होंने कई पुस्तकों में कई लेख लिखे और योगदान दिए हैं और आप उन्हें Instagram पर shaheen_473 के रूप में भी पा सकते हैं।

किस्मत में शायद तुम थे

किस्मत में शायद तुम थे,
यूं ऐसे इत्तेफाक से मिल जाना,
शायद जिंदगी के भी यही मंजूर था।
क्योंकि रब ने पहले ही,
लिख दिया था...
दोस्ती है तो प्यारी..
    कुछ यूं हर बार तुमको बताने से लेकर,
खामोशियाँ जानने तक का सफर,
आज भी यूं देख कर तुमको,
लगता है की खुशियां आ गईं फिर से,
उस रब ने भी कुछ सोच कर ये दोस्ती बनाई प्यारी है...
    हर दुख सुख में साथ होना,
हर लड़ाई खुशी में साथ होना,
क्यों ना मांगे उस रब से भी,
उसके लिए दुआ जिसने बनाया है
इस दोस्ती को इतना प्यारा..
    शायद टूट भी जाए,
यह दोस्ती का रिश्ता,
लेकिन रह जायेंगी यादें
जिन में होंगे शामिल हर एक पल,
जिसको देख कर ना ही मैं और ना ही तुम,
बल्कि रब भी कह उठेंगे
दोस्ती है तो प्यारी,
    Shaheen

अंकुमोनी दास

ये हैं अंकुमोनी दास नॉर्थ ईस्ट असम की रहने वाली हैं। वह गोलपाड़ा की रहने वाली हैं और वर्तमान में वह माइक्रोबायोलॉजी में मास्टर्स कर रही है और टीपी पर्स पीएचडी करने का आग्रह करती है। . वह भी एक है जस्टपेंटथॉट्स का हिस्सा। वह एक उभयलिंगी है जो उसे संक्षेप में बताने में शांति पाती है विचार। उनके काम @scribble_out_ पर देखे जा सकते हैं

खोए हम खोए तुम

खोए हुए तोह हम सब है
बस फर्क इतना है
कोई अपनों के बाँहों में
और कोई आपने बीते लम्हों के यादों में

सह-लेखक

1. निलोफर फारूकी तौसीफ
2. शिखा बाबू
3. रितिका पांडे
4. अल्पना भारद्वाज
5. भारती शर्मा
6. आमिना खान
7. अक्षत द्विवेदी
8. इस्पिता द्विबेदी
9. अपूर्व दुबे
10. स्नेहल पटनायक
11. लोनवॉल्फ
12. बरसा बिस्वाल
13. शारिक सैयद
14. नीरू निगम
15. अदिति शुक्ला
16. अभिलिप्सा मोहंती
17. रीधीम्म अरोरा
18. साक्षी श्रीवास्तव
19. विनय सेठी
20. शिवानी सिंहो
21. सुकन्या पटनायक
22. राहुल पांचाली
23. शिवम द्विवेदी
24. योगेश कुमार शर्मा
25. मनीष दंडसेना

26. सौम्या.एस.पांडा
27. एसपी स्मृति रंजन पति
28. नितेश मिश्रा
29. मनजीत सिंह
30. जयश्री प्रियदर्शिनी
31. फराह नाज़ी
32. प्राची वर्मा
33. सिद्दो
34. मोहम्मद हाशिम फारूकी
35. आनंद कुमार गोस्वामी
36. गरिमा अग्रवाल
37. सुनैना कुमारी
38. मिस्टर लॉस्ट
39. पंखी शर्मा

1. निलोफर फारूकी तौसीफ

पागलों की दुनिया

एक बेबस पिता, हाथ जोड़े समझाता रहा, वो नादान था जो पूरी रात चिल्लाता रहा। न जाने किसकी बेवफ़ाई ने उसे घायल किया, एक अच्छे इंसान को देखो पागल किया। रेल की पटरी अपनी रफ़्तार में चलती रही, सारे लोग परेशान थे, बेबसी झलकती रही। हर मज़हब के लोग बैठे थे, पर चर्चा सरेआम था, उस पिता से पूछो जिसे लगता, बच्चे का क़त्लेआम था। कुछ लोग डरे, सहमे, भी नज़र आते थे, जवानी में , बचपन देख, मुस्काते थे। नहीं मालूम वो कहाँ से आया, कहाँ जाना था। ज़िन्दगी थी न मौत, न जाने कहाँ ठिकाना था। कभी ज़ोर से चिल्लाता, कभी ताली बजाता, कभी हँसता रहता, कभी उधम मचाता। एक छोटा सफ़र था हमारा साथ गुज़र गया। मंज़िल आयी उसकी वो भी कहीं उतर गया। बोलो ज़रा कौन यहाँ पागल नहीं है, कौन है जो यहाँ पे घायल नहीं है। कोई दौलत के पीछे पागल, कोई शोहरत की पीछे पागल, कोई डूब गया आशिक़ी में, कोई नफ़रत के पीछे पागल। पागलों की दुनिया चारों तरफ़ नज़र आती है। इंसान की हर हरकत उसकी औक़ात बताती है। पागलों की दुनिया चारों तरफ़ नज़र आती है। पागलों की दुनिया चारों तरफ़ नज़र आती है।

2. शिखा बाबू

सुंदरता

"क्या ही सुंदर है यार वो!" "कितना सुंदर फूल है!" सुंदरता... कहाँ है सुंदरता? सादे से फूल में, जो अमृत ढूंढ लें, उन भवरों में सुंदरता है। कपटी दुनिया में, जो विस्वास ढूंढ ले, उस मन में सुंदरता है। हर प्रकार के मनुष्य में, जो अच्छाई ढूंढ ले, उस दिल में सुंदरता है। हर चेहरे में, जो ख़ूबी ढूंढ लें, उन आंखों में सुंदरता है। सुंदरता प्रदर्शन में नहीं, विचारधारा में है, सुंदरता नयनों में नहीं, दृष्टि में है।

नयी दुल्हन का मन?

इस रात की सुबह कहीं और होगी, नींद वही पर खाट कोई और होगा। उत्साह भी है, मन विचलित भी है, जिंदगी वही पर किरदार कोई और होगा।। डर है, नियम नए होंगे, डर है, फूल होंगे या कांटे होंगे? एक रिश्ते से सौ रिश्ते जुड़े हैं, हर रिश्ते की अपनी उम्मीद होगी। जिस हाथ ने जीवन भर माँ का पल्लू जकड़ा है, उनमे नए परिवार की ज़िम्मेदारी होगी।। जो हाथ थामा है कभी ना छोड़ना, हर दुविधा यूँ टल जाएगी। साथ छोड़ अगर अकेला कर गए, ये लड़की वहीं टूट जाएगी।।

3. रितिका पांडे

क्यों.... लगता है?

क्यों मुझें किसी का शुक्रिया, शुक्रिया नहीं सिर्फ खानापूर्ति लगता है
|

क्यों मुझें वो सबका भगवान, मेहेज़ एक मिट्टी की मूर्ती लगता है
|

क्यों मुझें वो हर अपना, अब उस कदर अपना नहीं लगता है |

क्यों मुझें उस कड़वी हकीकत, से ज़्यादा वो झूठा सपना सही लगता
है |

क्यों मुझें उस शोर गुल में भी, अकेलेपन की तरह तन्हा सा ही
लगता है |

क्यों मुझें वो सदियों पहले, बीता हुआ वक़्त पिछला ही लम्हा लगता
है |

क्यों मुझें कहने से ज़्यादा, यूँ कागज़ पर भावनाएँ लिख लेना ही
भला लगता है |

क्यों मुझें उसका वो अपनापन, उसकी भरपूर तराशी हुई किसी कला
सा लगता है |

क्यों मुझें ये सवालों का सिलसिला, कभी ना मिलने वाली उस
मृतकृष्णा के जैसे लगता है |

क्यों मुझें इनके किताबी जवाबों, से ज़्यादा इनका बिन जवाब होना
सही कैसे लगता है |

आज का अर्जुन

आज का अर्जुन है औरत त्याग देती है वो, सारी दौलत जहाँ मिलती है

उसे थोड़ी सी, सम्मान और स्नेह की शौहरत ||

ये उसका धर्म युद्ध ही तो है, उसका सारथी, उसकी सुद्ध बुद्ध है |

उसकी छाया में जीने वाले भी, उन सात दिन उसे बताता अशुद्ध है ||

उसे सब हक़ अपने, लड़-लड़ के लेने पड़ते हैं,

ये जो महिला शशक्तीकरण की बातें करते हैं,

पूछो ज़रा उनसे, क्या उनके घर की महिलाओं के भी पैर देर रात को घर से निकलते वक़्त डरते हैं?

उसका विवेक ही उसका इकलौता अस्त्र है, योद्धा है वो जनता संसार समस्त है ||

हाँ ! रूप शायद उसके अनेक है, कभी बालिका, कभी अबला तो कभी गृहस्त है ||

4. अल्पना भारद्वाज

वो मासूम सी नाजुक बच्ची, एक आँगन की कली थी वो माँ बाप की
आँख का तारा थी, अरमानो से पली थी वो जिसकी मासूम अदाओ
से, माँ बाप का दिन बन जाता था जिसकी एक मुस्कान के आगे,
पत्थर भी मोम बन जाता था वो छोटी सी बच्ची थी, ढंग से बोल
ना पाती थी देख के जिसकी मासूमियत, उदासी मुस्कान बन जाती
थी जिसने जीवन के केवल, पांच बसंत ही देखे थे उसपे ये अन्याय
हुआ, ये कैसे विधि के लिखे थे उस बच्ची पे जुल्म हुआ, वो कितनी
रोई होगी मेरा कलेजा फट जाता है,तो उसकी माँ कैसे सोयी होगी
जिस मासूम को देखके मन में, प्यार उमड़ के आता है देख उसी
को मन में कुछ के, हैवान उतर क्यों आता है कपड़ो के कारण होते
रेप, जो कहे उन्हें बतलाऊ मै आखिर पांच साल की बच्ची को, साड़ी
कैसे पहनाऊँ मै छोटी सी बच्ची का तुमने पूरा बचपन छीन लिया
उस मासूम बच्ची पर तुमने को नही थोड़ा रहम किया उस बच्ची
को देख तुझे क्या तेरी बहन ना याद आई थी छोटी सी बच्ची को
तुमने दी कितनी कठिनाई थी तुमने उस बच्ची को उड़ने से पहले
ही मार दिया धिक्कार है तुझापे ऐ इंसान तुमने रे कैसा काम किया
अब भी तुम ना सुधरे तो, एक दिन ऐसा आएगा इस देश को बेटी
देने मे, भगवान भी जब घबराएगा

एक दिन हम सब दूर हो जायेंगे सब अपनी ही दुनिया में खो जायेंगे
धीरे धीरे दिन महीने और साल बीतते जायेंगे हमारी ये बाते ये
मुलाकातें बहुत याद आयेंगे तुम सबके साथ बीता हुआ एक एक पल
ज़िन्दगी के सबसे अनमोल लम्हे कहलायेंगे और जब हमारे बच्चे
इन पन्नों को खोलकर पूछेंगे कि ये कौन है तब हम आँखों में आंसू

लिए तुम सबको अपना दोस्त बतलायेंगे

5. भारती शर्मा

★शीर्षक: मैं मनचली ★

मैं मनचली कुछ बहकी सी बन हवा का झोकाखोल दूं हर खिड़कीघूम आऊं हर चौखटहर शहर हर बस्तीमैं मनचली....भंवरो सी कलियों पर लिपटी,झरनों सी जुल्फों में सिमटी, जैसे हो कोई तितली।उड़ते बादल सी मैं मनचलीखेलू सूरज से आंख मिचोलीचांद की उजाली में मैं मतवालीतारों सी टिमटिमातीजैसे तूफान में अडिग होकोई जिद्दी डालीन किसी का डर न कोई चोरीमैं मनचली...उड़ू ऐसे जैसे पूरीदुनियां हो मेरी।
©Bharti

★शीर्षक: तारीफ़ में तुलना★

वादे हजारों लोग करते है, तुम साथ निभा पाओ तो चले आओ। दर दर भटके हुए है हम, अपनी बाहों में पनहां दे पाओ तो चले आओ। थक चुके है हम गम छुपाते हुए, तुम मेरी मुस्कान बन पाओ तो चले आओ। ज़माना ज़ालिम है जाना, तुम मेरी मोहब्बत बन पाओ तो चले आओ। और जो कभी में रुठ जाऊ, तुम मना पाओ तो चले आओ। जब्र नहीं है कोई तुम पर, लड़खड़ाओ तो चले जाओ।
©Bharti

6. आमिना खान

तुम क्यों रोती हो

तुम क्यों रोती हो..? अपने अश्कों को पलकों के नीचे छुपाती रहती हो, खामोश हो जाती हो गुमसुम रहती हो, तुम क्यों रोती हो...? बोलो ना क्यों रोती रहती हो..? यूं अकेले में क्यों दर्द सहती हो, बीन कुछ कहे सिर्फ मुस्कुराती रहती हो, अकेले में साथ ढूंढती हो, थामने के लिए किसी का हाथ ढूंढती हो, तुम क्यों रोती हो..? बोलो ना तुम क्यों रोती रहती हो.?? अकेले ही सफर में चलती रहती हो, हमसफर की तालाश में उलझी रहती हो, वक्त बेवक्त सोचती रहती हो, चाह कर भी अपने आसूं नही रोक पाती हो, तुम क्यों रोती हो..? बोलो ना तुम क्यों रोती रहती हो..? नजरें चुरा कर चलती हो, आंखो में आंखें नही मिलना चाहती हो, प्यार से तुम बहुत डरती हो, फिर भी एक बार प्यार का एहसास करना चाहती हो, तुम क्यों रोती हो..? बोलो ना तुम क्यों रोती रहती हो..? मैं तुमसे मिलना भी चाहता हूं, पर फासलों ने मुझे झकड़ रखा है, तुम्हे गले लगा कर कहना चाहता हूं, की मुझे तुम्हारे आसूं से कितना फरक पढ़ता है, तुम्हे रोने नहीं देना चाहता, बोलो ना तुम अब रोगी नही ना.??
- A.K @tashreeh.writes

कोशिश

कोशिश थी, कोशिश रहेगी... आग थी, जलती रहेगी... ज़िंदगी थी, गुजरती रहेगी... भीड़ थी, हल चल रहेगी... खामियाँ थी, खटकती रहेंगी... मेरे जाने के बाद, मेरी यादें रहेंगी...

- A.K @tashreeh.writes

7. अक्षत द्विवेदी

हवा बदल रही है

हवा बदल रही है मौसम बदल रहा है लोग बदल रहें है उनका जमीर बदल रहा है ऋतुएं बदल रही हैं धर्म बदल रहा है रास्ते बदल रहे हैं लोगों का कर्म बदल रहा है दिल बदल रहे हैं दिमाग बदल रहा है लोगों में जीने का मिजाज बदल रहा है दुनिया बदल रही है देश बदल रहा है इस जमाने की होड़ में इंसान भेष बदल रहा है

वो कुल्फी वाला

वो कुल्फी वाला आज भी याद हैं जिसकी आवाज सुनकर हम सभी घरों से निकल जाया करते थे वो मीठे बोल आज भी याद हैं जो कुछ नया देख तोतली आवाज में मुंह से निकल जाया करते थे वो पल आज भी याद हैं जो खेल खेल में कट जाया करते थे वो यार आज भी याद हैं जो देखते ही सीने से लग जाया करते थे वो मेले आज भी याद हैं जिसे देखने के लिए रो रोकर घर भर जाया करते थे वो खेल आज भी याद हैं जिसे खेलने के लिए जमावड़े लग जाया करते थे वो कुल्फी वाला आज भी याद हैं जिसकी आवाज सुनकर हम सभी घरों से निकल जाया करते थे

8. इस्पिता द्विवेदी

दो पल

दो पल की ये ज़िन्दगी, ना जाने कब सिमट जाएगी, आज साँसें चल रही है , क्या पता कल रुक जाएँगी !, तो दिल की बातें ज़ुबान पर ला, गीले-सिक्वे न रख , तू रिश्ते निभा, जो कुछ भी करना है, इसी पल कर जा, क्या पता है इन्तेज़ार तुझे जिस पल का, वो पल कभी आएगा भी या ना.....

मेरे दोस्त

मेरे दोस्त, पुराना गाना छोड़ो, कुछ नया सुनाओ, ऐसा गाना सुआनो, के सबके मैं में उथल-पुथल मच जाये, ताकि सबके मन मे चिंगारियां भी तोह जाग जाएँ, कैसे सुनाऊँ, मेरा गला बैठ गया है, वीणा भी नहीं बजती अब, उँगलियों ने मेरा कहा सुन्ना छोड़ दिया है, एक ऐसे मोड़ पर आ पहुंची है ज़िन्दगी, जहाँ सब दुँधला सा नज़र आ रहा है, मंज़िल तक पहुंचे, तो पहुंचे आखिर कैसे?, क्यूंकि रास्ता तो मुझमें ही उलझ कर रह गया है.......

9. अपूर्व दुबे

इस रक्त के प्रहार से

इस रक्त के प्रहार से, तू वक़्त का संहार कर, विपत्ति की विवशता का वीभत्सता विनाश कर, तू वीर है, तू रुद्र है, तू तांडव हाहाकार कर, तू वार कर, प्रहार कर, तू बार-बार-बार कर, इस रक्त के प्रहार से, तू वक़्त का संहार कर। लत-पथ शोक थकान पर, उत्साह का नया घाव कर, विभाव के अभाव में सुभाव का प्रभाव कर, तू ठीक है, सटीक है, तू एकाग्रचित शिकार कर, तू ध्रुव है, अपूर्व है, इस क्षण को तार-तार कर, इस रक्त के प्रहार से, तू वक़्त का संहार कर।। -अपूर्व दुबे

दूर कहीं अंधेरों से

दूर कहीं अंधेरों से एक तिनके सी रोशनी आ रही है, गहन सन्नाटे को गंभीर शोर से भटका रही है, ये मेरे मन को बहला रही है, जैसे वायु शाश्वत छा रही है, ये प्राण में तन्मयता ला रही है, जैसे गुंजन बाग में लहरा रही है, ये रुकने का भेद बता रही है, जैसे थकने का खेद जता रही है, "मैं कौन हूँ" बता रही है, जैसे सोई पड़ी लहरों को जगा रही है, ये मेहनत की आग जला रही है, जैसे मंज़िल को पास बुला रही है। -अपूर्व

10. स्नेहल पटनायक

आने की आस-

आंखों को तेरा इंतजार रहेगा लेके बहार बहू में आ जाना तनहाई तो शोर में भी है अब आकार वापस न जाना माना की तुझे प्यार किसी और से है फिर भी ये दिल बेकरार है याद आई तो आना जरूर तेरी आहट ही हमारे लिए है सुरूर

जब था वोह-

उसके साथ गुजरे वो लम्हे उसके बहाने में लिए वो सांसें, है दुआओं से भी बढ़कर जिंदगी था एक आंगन आया वो फूल बनकर अदत सी लग गई हमें बात करते करते न जाने कहां ले गई हमें हमारी चाहते याद में उसके खो जाते हैं हम निगहां में उसके भी जाते हैं हम चला जो गया वो हमें छोड़कर सपनों के आगन का पेड़ तोड़कर रह गए हम अधे कुछ अधूरे से ख़्वाब बने थे शायद शीशे से प्यार जो कल था आज ज्यादा है वो साथ नहीं फ़र्क इतना है...

11. लोनवॉल्फ

अक्सर सोच में पड़ जाता हूं

अक्सर सोच में पड़ जाता हूं, कि तुम लगते कैसे होगें? जब हम दोनो आमने सामने होंगे। जैसे तस्वीरों में तुम मुस्कुराते हो, क्या उसी तरह मुझे देख के मुस्कुराया करोगी। तस्वीरों में जो चंचलता है, क्या तुम खूब वैसी ही चंचलता के साथ मुझसे मिलेगी। तस्वीरों में बसी तुम्हारी चेहरा जो गुलाब की पंखुड़ियों के जैसे लगती है, उन्हें स्पर्श कर लूं तुम्हारी मीठी मीठी बातों को पूरी तन्मयता के साथ सुनूं, तुम्हें अंगड़ाइयां लेते हुए देखूं। सुनो, इस तरह तुम्हें निहारूं तो गुस्सा तो नहीं करोगे ? हमें कुदरत ने मिलवाया, पर शायद मिलन वाली रेखा खींचना भूल गए। वैसे तो मै तुमसे ना जाने कितनी बार अपने सपने में मिल चुका हूं, पर आंखो से आंखो की मिलन की चाह अधूरी है। इस मिलने वाले सुकून से वंचित हूं। तुम्हे याद है तुमने एक बार कहा था कि है दिवाली साथ में मनाएंगे, खैर अभी मिलन की घड़ी नहीं आई है। हम उन चंद प्रेमियों से हैं जो प्रेम की उपासना कर रहे है। मै यहां और तुम वहां। शायद हम दोनो को वरदान मांगने को मिल जाए, और एक दूसरे को जन्म जन्मांतर के लिए मांग ले । तुम मेरी पूरक हो, इसी बात से ही मेरे अहसास सुगन्धित पुष्पों की भांति महकते है। तुम्हारा नाम मुझ में मिल जाने का जो सुकून मुझे प्राप्त है, वो जग के समझ के परे है। तुम जो साथ हो तो मै पूर्ण हूं। तुम बिन अधूरा हूं। श्रीकृष्ण ने भी कहा है, प्रेम इस संसार का सबसे बड़ा हथियार है, इससे हम कुछ भी कर सकते हैं। जो मिलन की

लकीर अधूरी है, उसे हम प्रेम की तपस्या से उत्पन्न प्रेमाग्नि से पूर्ण करेंगे। जन्म जन्मांतर तक हम एक दुसरे में विलीन हो जायेंगे।

उसमे कुछ बात थी

उसमे कुछ बात थी वो मुलाकातें खास थी, कभी हसी, कभी शरमाई, कभी बातों से की खिंचाई धीरे धीरे वो हमारे पास आई, उसमे कुछ बात थी, वो मुलाकातें कुछ खास थी, कभी पागलपन, कभी इतराती, इशारों से मन को जीत जाती उसमे कुछ तो बात थी वो मुलाकातें कुछ खास थी उनका फ़ैज़, उनका तेज, है श्यामा वो जन्नत सुहैल, उसमे कुछ तो बात थी वो मुलाकात कुछ खास थी यादें, मुलाकातें, अनकही बातें, कह न पाए वो सभी जज्बातें कि कुछ बात थी उनमें आज भी वो याद आते हमें, उसमे कुछ तो बात थी वो मुलाकातें कुछ खास थी

12. बरसा बिस्वाल

बारिश और मेरा टूटा हुआ दिल

बारिश और मेरा टूटा हुआ दिल! इन दोनों मे कुछ तो ताल्लुकात होगा. केसे! जेसे बारिश के बाद चन दिनों तक आसमान का रंग बदलता रेहता है! वैसे ही जब जब मेरा दिल टूटा हे, मेरे चेहरे का रंग दिन प्रतिदिन बदलता ही रेहता है! जेसे ये बारिश जब भी आती हे, मिट्टी मे नमी छोड़ जाती हे! वैसे ही मेरे दिल टूटने के बाद, इन आंखों मे नमी बनी रहती है! जेसे हर बारिश के बाद हर तरफ एक सन्नाटा छा जाता है. वैसे ही मेरे दिल के टूट जाने पर मै सांत सी रहने लगती हूं. उफ्फ! फिर ये बारिश और फिर तुम्हारी याद...

बारिश और मेरा टूटा हुआ दिल! इन दोनों मे कुछ तो ताल्लुकात होगा. केसे! जेसे बारिश के बाद चन दिनों तक आसमान का रंग बदलता रेहता है! वैसे ही जब जब मेरा दिल टूटा हे, मेरे चेहरे का रंग दिन प्रतिदिन बदलता ही रेहता है! जेसे ये बारिश जब भी आती हे, मिट्टी मे नमी छोड़ जाती हे! वैसे ही मेरे दिल टूटने के बाद, इन आंखों मे नमी बनी रहती है! जेसे हर बारिश के बाद हर तरफ एक सन्नाटा छा जाता है. वैसे ही मेरे दिल के टूट जाने पर मै सांत सी रहने लगती हूं. उफ्फ! फिर ये बारिश और फिर तुम्हारी याद...

13. शारिक़ सैयद

कबसे बातों का सिलसिला नही है

कबसे बातों का सिलसिला नही है, और कोई आपके सिवा नही है।
ख़ामोशी है हलक से लिपटी हुई, बोलने का भी हौसला नहीं है।
इतनी आदत है तुमको सुनने की, और कबसे तुम्हें सुना नही है।
अपने आने की कुछ ख़बर कर दो, मेरे जाने का कुछ पता नहीं है।
चाय की कप रखी रखी ठंडी, हो गई है मगर पिया नही है।
इख़्तिलाफ़ात होते रहते हैं, कौन आख़िर यहां खफ़ा नही है। ख़ैर
छोड़ो ये बचपना जानां, दिल की सुन लो तो कुछ बुरा नहीं है।
आपके ख़त का मुंतजिर रहूंगा, जैसा है इश्क़ है बला नहीं है।
'शारिक़' उनको ना भूल पाए गर, याद करने को कुछ बचा नहीं

कुछ फ़र्क़ पड़ा उन बातों से?

कुछ फ़र्क़ पड़ा उन बातों से? जिन बातों से तुम डरते थे। कुछ
फ़र्क़ पड़ा उन लोगों से? जो लोग तुम्हारे दुश्मन थे। कुछ फ़र्क़ पड़ा
उन अश्कों से? जो तुमने बहाए शाम ओ सुबह। कुछ फर्क पड़ा
कुछ हाथ लगा? इस दुनिया की हर चीज़ जो तुमको भाती थी, उसे
खोने से? फिर रोने से? जां खोने से? दुखी होने से? कुछ नई
मिलता मायूसी से, बस दर्द मिला, तन्हाई मिली, रुसवाई मिली। ये
दुनिया है, मिट जानी है, ये तो बस एक कहानी है। असली दुनिया
की फिक्र करो, ऊपरवाले का ज़िक्र करो। सब छोड़ दो उपर वाले
पर, बेहतर करने वाला वो है, खुशियां देने वाला वो है।

14. नीरू निगम

खंडहर.

इन खंडहर बनी इमारतों के, कितने ही अनकहे, अनसुने सच ,
आज भी इन ईंटो, दीवारों, छतों, जर्जर होते दरवाजों में कैद हैं ।
कितनी ही अनकही,अधूरी प्रेम कहानियां, कितनी सलीम अनारकली
सी तड़पती रूहे, इन कमरों के पत्थरों में कैद हैं । कितने ही जुल्म
के गवाह हैं यह पत्थर, कितनी ही रंगीनियां इनमे कैद हैं ।
कितनी मजबूत होगी इनकी नींव नीर, जर्जर हो गई हैं दीवारें,
इमारत अपनी जगह पर आज तक मुस्तैद हैं।
नीरू

फर्क नहीं पड़ता

फर्क नहीं पड़ता अब तेरे तानों से, अब तेरे सितम से, रेगिस्तान
बन चुकी मेरी आंखों को अब कोई फर्क नहीं पड़ता । तेरे हर झूठ
को तेरे सारे इल्जामों को, हंस कर सह लेती हूं मै, अब तेरे किसी
भी जुल्म से, कत्ल हो चुके मेरे अप मानों को फर्क नहीं पड़ता ।
अब तेरी बेरूखी को, अब तेरी लापरवाही को, बड़ी लापरवाही से,
हंस कर अनदेखा कर देती हूं मै, मेरी परवाह को अब कोई फर्क
नहीं पड़ता । तेरे मतलब के अपनेपन से, तेरे बिन मतलब को
परायेपन से, मेरे मासूम दिल को, अब कोई फर्क नहीं पड़ता । तेरे
शब्दों के नशतर से, तेरी खामोशी के तमाशे से, मेरे तार-तार हो
चुके ज़ज्बातों को, नीर,अब कोई फर्क नहीं पड़ता ।

जे पी टी प्रकाशन

नीरू

15. अदिति शुक्ला

चीड़ की ज़ुबानी।

जिस दिन सुनो हे मानव , गिरा दो गे तुम सभी चिड़िया तथा जनवरी का निड, कहेगा तुमसे अकेला बचा हुआ चिड, होने वाला है अंत इस धरा का , क्योंकि मचा दी है तुमने यहां बहुत भिड़ । लगताहै तभी बनोगे तुम गंभीर। जो किया था तुमने उन मुखहीनों के साथ, वही अब घटेगा तुम्हारे साथ । त्यार होजओ झेलने के लिए उससे, क्योंकि भाग नहीं सकते तुम छोड़ कर इससे पीछे। बहुत से जीवों को इस धरा से विलुप्त करने मैं है मनुष्या केवल तेरा हाथ, आगर करना है अधिक विकास तो करले जल्दी, क्योंकि चुटेना वाला है इस धरा से तेरा साथ। नही कहेगा कोई कवि मनुष्यता के विरुद्ध कभी कोई बात, पर निकली है हर वृक्ष के मुख से केवल यही बात , जब जब काटा है तूने उसे बढ़ाने के लिया अपना घर द्वार ।

16. अभिलिप्सा मोहंती

बातें बारिश की

खुशबू में चलो घूम कर आए, पानी के बूंदों मे पल बिताकर आए। आज पवन ने पाई डोल रही है बोल न जिनके, मुख में विधि ने डाले, बादल घिर आए, गीत की बेला आई। कभी आता पानी ज्यादा, कभी आता पानी कम, कभी कही बाढ बोलता, कभी कही सूखापन। बरसात पर बनाए पकौड़े, और उनके साथ चाय की चुस्की में मजें, आओ सब लोग मिलकर नाचे-गाये। ओर कुछ समय इस प्रकार बारिश में बिताए।।

सपने में

नींद से जागा कुछ सपना देख कर। सपनों मैं उनको लेकर। चले थे अनजान राहें पर। हाथों में हाथ मिलाकर। चले थे साथ मिलकर। बहुत खुश थे साथ मिलकर। जिसको मांगा करते थे रब से । मुलाकात हुई, बातचीत हुई सपनों मे उन से। उनकी खुबसूरत चहरे पर वह हसी कुछ खास थे। उन्हे देखते रहना हमारा एक ही मकसद थे। वह एहसास कभी ना भूलें, बस हकीकत कुछ और है कि यह एक सपना है। चलिए वही सही मुलाकात तो हो गई। ।

17. रीधीम्म अरोरा

ज़िन्दगी में जबसे तुम आई हो

खुशियां आई है मेरे ज़िन्दगी में जबसे तुम आई हो, मगर मुझको मालूम है कि तुम भी जाने के लिए आई हो। ये दीवानगी कहा ले जाएगी अब मुझको, तुम ही बताओ, यूह बेवजाह मुझको अपने ख्वाबों में क्यों लायी हो। शायद एतिराफ़-ए-मोहब्बत ना कर पाऊं तुमसे मैं, मगर मेरी चाहत है कि मेरे हाथों में बस तेरी कलाई हो। रहकर मुझमे तुम घुल ना सकी मुझमे, मुझे लगता है कि तुम दूध में मलाई हो। मैं चाहता हु तुमको सुनना हा बस तुम ही को सुनना , अब चाहे वो बातें हो या हमारे बीच की लड़ाई हो। तुझको ही सब माना तुझमे ही रब माना , तो क्यों ना तुझमे ही क़ैद रहकर मेरी रिहाई हो। ये कलम खाली है तेरी मौजूदगी के बिना, मेरा दिल एक सफ़ेद कागज़ है और तुम रूठी सियाही हो। खर्च कर दिया है अब खुद को इन जज़्बातों में मैंने, तेरा आना था जैसे किसी नालायक की पहली कमाई हो। तुम लहरों सी आकर अब जा तो सकती हो मगर, मत भूलो तुम मेरे एहसासो के समंदर की गहराई हो।

पता है

मुझको लोग गलत समझते है , मुझे पता है ; मेरे बारे में वैसे भी किसी को क्या ही पता है । तुम ज़रा इधर देखो , मेरा ठिकाना तेरा सही पता है ; मगर तुम फिर भी नहीं आओगी मेरी ओर ,

और मुझको ये भी पता है ।

18. साक्षी श्रीवास्तव

तुम्हारा ख़्याल जैसे परियों की कहानी

तुम्हारा ख़्याल जैसे परियों की कहानी, तुम्हारा साथ जैसे प्यासे को मिले पानी। मुझे तो सब यूँ बेवजह ही छोड़ जाते है, क्या तुमने सच में साथ रहने की ठानी। वादे करना और कसमे खाना आसान है, पर ये सारी खाई कसमे पड़ेंगी निभानी। मेरे साथ रहना अपने मन से चुना है तुमने, पर छोड़ के जाने में नही चलेगी मन मानी। जिस्मानी इश्क के इस बदलते हुए दौर में, मुझे मिली है बस तुम्हारी ये चाहत रूहानी। यहाँ तक सफर बहुत खूबसूरत था 'मनीषी' आगे भी ज़िन्दगी तुम्हारे ही साथ है बितानी।
©?साक्षी श्रीवास्तव 'मनीषी'
@mukhtalif_0703

मेरे कमरे में आओ तो देख कर आना

मेरे कमरे में आओ तो देख कर आना, अपने कदम ज़रा संभाल कर बढ़ाना, चारों तरफ मेरे ख़्वाब बिखरे पड़े है, उन्हें ज़रा सा भी नुकसान न पहुँचना। बिस्तर पर डायरी और कलम रखे है, उस कलम में कुछ अल्फ़ाज़ फसे है, अभी उन्हें डायरी में लिखना है मुझे, वरना ये यहाँ बेवजह ही थोड़ी पड़े है। एक नया कोरा पन्ना भी खुला हुआ है, एक बेरंग सा चित्र मन मे रुका हुआ है, अभी उठ के उसे पूरा भी करूँगी मैं, ये भूल न जाऊं तभी ऐसे रखा हुआ है। कुछ किताबें भी रखीं हैं मेरी वहीं पर, पर इन्हें भी छोड़ दूंगी

ऐसे ही यहीं पर, बस पढ़ कर उन्हें सुकून खोज रही थी, सोचा मिल जाए शायद उन्ही में कहीं पर। यही सब तो अक्सर मेरा साथ दिया करते है, कोई नही होता तब हाल चाल लिया करते है, कैसे रख दूँ इन्हें किसी अलमारी में बंद कर के, ये सब मेरे लिए दोस्त का काम किया करते है।

©?साक्षी श्रीवास्तव 'मनीषी'

@mukhtalif_0703

19. विनय सेठी

झूठी मोहब्बत

झूठी मोहब्बत वाला यार कुछ लोगो ने मोहब्बत को मजाक बनाया है, पता नही क्यों इश्क को ही बवाल बनाया है, कैसे और क्यों करते है मुहब्बत लोग इस जमाने में, जब तोड़ना ही होता है दिल आशिकों का इस याराने में। चलो अब एक किस्सा याद कराता हूं, तुम्हे इश्क का इतिहास समझाता हूं, कहते है हो जायेगे मुकम्मल हमारे इश्क के अफसाने भी, पर कोन समझाए तुम्हे मुकम्मल तो हुए भी उस भगवान के अफसाने भी, इश्क में तरसना कोई राधा से सीखे, इश्क में रोना कोई शाम से सीखे, क्यों और कैसे बिझड़ जाते है लोग, बिझड़ के भी इश्क करना कोई उस राधा रानी से सीखे।। ऐसे ही बहुत से चर्चे हुए इस जमाने में, हुआ नहीं मुकम्मल इश्क कई यारानो में, टूट जाते है रिश्ते पल भर की बातो में , और लोग कहते है ,करते है इश्क वो तुमसे काली रातों के अफसानों में।। चलो बहुत हुआ इश्क का मंजर बदनाम , अब तो तुम ढेर के करो विराम, मत करो इश्क जब हो ना पाए मुकम्मल तो, बस चाहो उसको जिसे बना पाओ तुम अपनी शान। बस बस और नही करूंगा इश्क बदनाम, शायद समझ गई होगी तुम मेरा इंतजार, क्यों करती हो हमेशा झूठे इश्क का वार, जब छोड़ना ही होता तुम्हे हर बार।।। विनय

प्यार

प्यार का असर जहा हर चीज को नजर अंदाज करके मिला कुछ खास था, हां मुझे हुआ वोही प्यार का बुखार था। असर भी जहा होने लगा खराब था, हां वो मेरा इश्क ही था जो हुआ सरे-ए-आम था। तमाशा बना कर किया , जिसने किया इश्क का व्यापार था, हां वोही मेरा झूठा यार था। चलो अब चलते है ,एक किस्से की और, जहा था में, वहा आया ही नहीं कोई और। चलो बताता में अपनी कहानी भी, जहा टूटा दिल मेरा, सिर्फ खुदकी जुबानी ही। तो बात कुछ ऐसी थी, सच्च बोलने की इस दिल ने ढाणी थी, क्या पता था इस झूठी दुनिया में सच्च की कोई जगह नही, हम ही थे पागल पता नही क्यों चुनी सच की जुबानी थी। लोग करते फरेब, और खुशाल रहा करते है, एक हम ही थे बदनसीब जो सच बोल कर भी अकेले ही रहा करते है। आदत नहीं झूठ बोलने की इसलिए दिल ही दिल खुशाल हूं, पर शायद वो ही होगे बदनसीब जिनको अब नही मेरी तालाश है।

20. शिवानी सिंहो

मुझे खिलाए

मुझे खिलाए बिना वो आज भी नहीं खाती है.. मेरी माँ है वो आज भी पहला निवाला मुझे खिलती है.. मेरी नाराजगी को भी हस कर सह जाती है.. मेरी माँ है वो आज भी मुस्करा कर मुझे गले लगाती है. . टूटती हूँ जब भी वो हिम्मत बन जाती हैं मेरी माँ है वो आज भी मेरी खामोशी समझ जाती है.. पता नहीं कैसे वो ये सब कर पाती है.. पूछती हूँ जब भी बस एक मुस्कराहट दे जाती है. .

आप के बारे में लिख पाना नामुमकिन सा लगता हैं

आप के बारे में लिख पाना नामुमकिन सा लगता हैं, आपके बिना एक पल भी मुझे बेचैन कर देता हैं। बचपन में डांटना ;फिर खुद ही मुझे मनाना , मेरा आपका बस एकबार गले लगाने से मान जाना आज भी मुझे याद हैं पापा। माना कि आप काम के चलते वक्त नहीं दे पाते हो पर जब भी घर आते हो मेरी मुस्कुराहट साथ ले कर आते हो। हां ,कभी -कभी आपसे झगड़ती भी हूं मैं, पर आप हमेशा मुस्कुराकर सब भूला देते हो। माना मैं कभी आपके लिए प्यार को कभी जता नहीं पाती, शायद कभी जता भी ना पाऊं । पर हां आपसे प्यार तो करती हूं,शायद खुद से भी ज्यादा करती हूं। आप भी मुझे पर गर्व कर सको बस इतनी सी ख्वाहिश रखती हूं। आप जब "मेरा बेटा "कह कर बुलाते हो, उस पल मन में बस

एक ही ख्याल आता हैं। "क्या सच में बन पाऊंगी आपका बेटा मैं?" "आप को खुद पर गर्व करवा पाऊंगी मैं?" बस इन सवालों के जवाब ढूंढना ही , अब जिंदगी का मकसद बनाना हैं। इन सवालों के जवाब अपने हक में लेकर आना है, आप को खुद पर गर्व जो करवाना हैं।

21. सुकन्या पटनायक

"मरहमी सा चाँद है तू, दिलजला सा मैं अँधेरा

एक दूजे के लिए हैं नींद मेरी, ख्वाब तेरा

तू घटा है फुहार की, मैं घड़ी इंतज़ार की

अपना मिलना लिखा इसी बरस है ना.."

चांद सितारों से क्या मांगू

मेरे जो भी कुछ है

सिर्फ तुम हो

दूसरों से मुझे क्या लेना देना

मेरे लिए तो तुम सब कुछ हो ।

"जो मेरी मंज़िलों को जाती है, तेरे नाम की कोई सड़क है ना

जो मेरे दिल को दिल बनाती है तेरे नाम की कोई धड़क है ना"

मेने मेरा जीवन का हर एक हिस्सा तुम्हारे नाम किया है

तुम्हारे प्रेम में ऐसी डूबी हूं की

बाहर भी एक दुनिया है

मुझे ज्ञात नही है

मोहन अब क्या तुमसे छुपा है

तुम तो जानते हो

डोर का में एक सिरा हूं,

तुम दूसरे

बस मेरे दिल से तुम्हारे दिल में एक ही ही अंतर है

दो सरीर और एक धड़कन है

22. राहुल पांचाली

क्या पाया

क्या पाया क्या खोया दिन ढल रहा हैं शाम होने को है, क्या पाया मैने क्या खोने को है... खंजर रुपी प्यार लिए तैयार तु, खड़ा मेरे दिल में चुभोने को है... दर्द भरे चंद मोती हाथो में लिए, मेरी हर एक साँस में पिरोने को है... नादान ने तोड़ा है कई बार उसे, और कितना टुटना खिलोने को है... हिसाब लगाना तो बाकी है और, कितने आंसू आंख भिगोने को है... गुज़र गयी कई राते इसी ख्याल में, कब तक हमारी ज़रुरत कोने को है... इन रातो को खुब जगा लिया हमने, अब कितनी राते बाकी सोने को है... दिन ढल रहा हैं शाम होने को है, क्या पाया मैने क्या खोने को है..

. PANCHAL

बेखबर तुझे ना खबर है

बेखबर तुझे ना खबर है बेअसर मेरी दुआ, सुन ओ बेखबर ऐसा क्यों हुआ, आगे कुआ पिछे खाई है जाएं कहाँ, कि तु ही बता मेरे खुदा... दिल से आह निकलेगी देख तारो तक भी जायेगी, सालो साल बित गये अब ना जाने कब तु आयेगी, आजा रंग बरसादे मुझ पर तेरे इश्क़ के सतरंगी सारे, अब दूर ना जा ये घड़ी ना लौटकर फ़िरसे आयेगी, तु शायद मान जायेगी ये मेरे इश्क़ की सारी बाते, कट रही तेरे बिन अब तो तन्हा ये मेरी सारी राते, गरज रहे है तेरे दिल के आसमान पर ये बादल, आजा भीग ले

थोड़ा तुझे भी तो पसंद है बरसाते, वो मुलाकाते भी तो हम पर जैसे एक बरसात है, कैसे भूल सकती है तू अभी कल ही की तो बात है, मेरा चीखना चिल्लाना भी तो सब कुछ तुझे याद है, तेरे हिस्से में भी आयेगी कयामत की वो राते, जो ज़ख्म थे कल तक मेरे सारे आज तेरे साथ है, मुस्कुराता मैं और एक आईना मेरे सामने, फ़िक्र ना कर कोई आयेगा तुझे भी सम्भालने, मुश्किलों से पहले घिर तो सही तु ठीक से गिर तो सही... तुझे ना खबर है बेअसर मेरी दुआ, सुन ओ बेखबर ऐसा क्यों हुआ, आगे कुआ पिछे खाई है जाएं कहाँ, कि तु ही बता मेरे खुदा...

PANCHAL

23. शिवम द्विवेदी

मै जब भी कुछ गीत सुनाता हूँ

मै जब भी कुछ गीत सुनाता हूँ उसको, उल्लास भारी वह मेरे संग-संग गाती है। मै जब अपने दिल की बात बतलाता हूँ उसको, बातों मे वो मेरी खो सी जाती है, अपने आँचल से मुह ढककर थोड़ा सा मुस्कती है, फिर शर्मा कर वह वहाँ से चली जाती है। उसकी इन आदाओं पर मै इतना मोहित हो जाता हूँ, की गीत की अगली कड़ी हि भूल जाता हु।

ना जाने क्यूँ

ना जाने क्यूँ, तुझे देखने के बाद भी, तुझे ही देखने की चाहत रहती है। ना जाने क्यूँ, कोई गम ना हो, फिर भी आंखें क्यूँ नम रहती हैं। ना जाने क्यूँ तेरे सामने, मैं कुछ कह नहीं पाता हूँ। बचपन गें जो ना कह सका, आज वो कहना चाहता हूँ। स्थिति आज भी वही है, तू जब भी मेरे सामने आती है, मै कुछ ना कह पाता हूँ। ना जाने क्यूँ, बस तुझे निहारता ही रह जाता हूँ। ना जाने क्यूँ, ना जाने क्यूँ, ना जाने क्यूँ.....

24. योगेश कुमार शर्मा

जो गम के सताये हैं। वो सब्र को पाये हैं। धीरज को धरे हैं वो। ईश्वर को रमे हैं वो। वस एक दिन वो आये। जब गम ही भाग जाये। अच्छी सुबह भी आये। लाली नयी भी छाये। रोतों को हँसायेंगी। खुशियां नयी आयेंगी। वश यही आरजु है। गम और न सताये। जैसे ये गम है आया। दामन में खुशी आयें। रंगों से भरे जीवन। और होंठ मुस्कुरायें।

1) राही हैं हम हमको मंजिल की खबर है। कांटे भी हैं और फूल भी ये रहगुजर है। काँटों को दामन में छुपाने का हममें हुनर है। पायेंगे मंजिल एक दिन ये उम्मीद ज़बर है।

2) तकदीर से मिले हो हमें इतनी खबर है। रोतों को तुम हँसा दो ये तुममें हुनर है। गैरों से बफा कैसी अपनों से रंज -ओ -ग़म। ये दिल्लगी है कोई या तदबीर प्रखर है।

25. मनीष दंडसेना

काश कहपाती तुझसे!

काश कहपाती तुझसे! काश कह पाती तुझसे; ना खफा हूं , ना तुझसे कोई रंजीश। बस खयाल तेरा, और यादों में बंदिश! काश कह पाती तुझसे; मैं तुझमे क्यूं इस तरह मलंग हूं, दुर तू है, मगर तेरा एहसास सबसे करीब । रास्ते कई बदले हैं मैंने भी, मगर आज भी मंज़िल तुझे ही चुनती हूं! काश कह पाती तुझसे; कि कुछ इतना खाश तू है मेरा, निगाहों को तेरी तलाश है, और खामोशियां ज़ोर ज़ोर से तेरा नाम पुकारती हैं। के सांसों मे तेरी महक है, और नींदों मे तेरे सपने। काश कह पाती तुझसे; लफ्ज़ बयान कर सके ऐसी मोहब्बत मेरी नही, बेदर्द ये ज़माना, और बदकिस्मत मेरी जिन्दगी, तुझे कर सकूं हासिल, ये दुआ उस रब को भी मंजूर नही। रोज़ आईने मे बस यही दोहराती हूं, के काश ये सब कह पाती तुझसे!

चक्रव्यु और अभिमन्यु!

चक्रव्यु और अभिमन्यु! कुछ खयाल मेरे भी थे, अनकहे, कई अनसुने। ना मुझमे हिम्मत थी, ना जहान के पास वक्त। ऐसा नही था कि हार मान ली मैंने, मिलों मैं भी चल चुकी थी, हर कदम पर बढ़ती बोझ, और हर मोड़ पर एक नई गर्दिश। एक प्यार, एक इज़हार ही तो था, जो चलते रहने की वजह, एक मंजिल बन बैठा। उम्मीद भी कुछ ऐसा खेल खेल गई, धोका न

खुदसे मिला, न गैरों से, लूट के तो अपेक्षाएं ही चली गईं! शरीर किसी ढांचे सा, ना दिल की सुनता, ना दिमाग को होश था, यूं तो खोखला वो बदन, ना भरने की आस, ना किसी का इंतज़ार था। हां मगर शोर मैंने भी मचाई थी, वो दर्द की गुहार थी, और मदद की पुकार। शायद देर हो गई मुझसे; चक्रव्यु दुनिया की थी, और ऐलान शोक में हुआ, याद रखो कलयुग निवासियों, एक और अभिमन्यु मारा गया!

26. सौम्या.एस.पांडा

ना समाज दुनिया की रीत को इतना की बदल के रख दे वजूद को
तेरा, ना कर आगे की सोच इतना की मिटा के रख दे वर्तमान को
तेरा

रखदू अगर मंदिर के अंदर पत्थर को भी लोग कर लेगे पूजा
उसकी भी, फेक दू पत्थर को रोड के किनारे तो थूक देगे लोग
पान भी, जनाब ये रंगीन दुनिया में लोग स्थान की पूजा करते है
,इसलिए पहोंच हमेशा ऊंची रखो

27. एसपी स्मृति रंजन पति

"कुछ ना कहो, कुछ भी ना कहो
क्या कहना है, क्या सुनना है मुझको पता है,
तुमको पता है समय का ये पल, थम सा गया है
और इस पल में कोई नहीं है बस एक मैं हूँ बस एक तुम हो"

हां

कुछ मत कहो

बस मेरे पास यूंही बैठे रहो

और में तुम्हारे गोदी में सिर रख के सो जाऊं

और सारे दुख दर्द भूल के

सिर्फ तुम्हारे साथ

कुछ पल थाम लूं ।

"कितने गहरे हल्के, शाम के रंग हैं छलके

पर्वत से यूँ उतरे बादल जैसे आँचल ढलके

सुलगी सुलगी साँसें बहकी बहकी धड़कन

महके महके शाम के साये, पिघले पिघले तन मन"

हां
कितना अच्छा है ये आज का मौसम है न
ये ढलता सूरज
पंछियों की आवाज
और तुम्हारा साथ
बस यही तो चाहिए था।
बस मुझे तो इसी पल का इतनेज़ार था

कब हम एक दिसरे के पास होंगे
और
हमारे बीच कोई फासला नाहो
सिर्फ तुम और में।

28. नितेश मिश्रा

जो बीत गया वो वक़्त लौटा दो , ज्यादा नहीं बस बचपन लौटा दो , स्कूल की मस्ती , कॉलेज के दोस्त लौटा दो , मोबाइल गेम की जगह गुल्ली क्रिकेट खेला दो , ज्यादा नहीं बस बचपन लौटा दो , वो मस्ती , वो लम्हा , आपस में लड़ना , आपस में मुस्कुराना , न कोई गिला न कोई सिकवा न कोई शिकायत हो वो दौर लौटा दो , ऐ जिंदगी ज्यादा नहीं बस बचपन लौटा दो , चाहे तो लेलो आगे की जिंदगी हमारी ,लेकिन फिर से मेरे वो यार लौटा दो , ज्यादा नहीं ऐ जिंदगी बस मेरा बचपन मुझे लौटा दो।।।।

29. मनजीत सिंह

ख्याल-ए-इश्क़ तेरे ख्याल में हूँ खोया

तेरे लिए मैंने सच्चे प्रेम का बीज अपने दिल पे हे बोया, ऐसा लगता तेरी यादों में कई-कई दिनों तक नहीं है सोया। तुझे पाने की चाहत में सालों से हू खोया, ना चाहते हुए भी तूझे खोने का डर से मेरा दिल भी रोता है, ना चाहते हुए भी मेरा मष्तिष्क तेरे ही ख्यालों में खोया रहता है, मधुमक्खी बन तेरे ही प्यार की चासनी में डूबे रहता हूँ, भँवरा बन तेरे ही खुशबु में सेंध लगाए बैठे रहता हूँ, तू ही मेरी मंजिल हैं, तु ही मेरी सच्ची मुहब्बत, तू ही मेरा गुरूर हैं और तू ही मेरी इज्जत, तू ही मेरी दिल की जागीर है तू ही मेरी जिंदगी भर की दौलत, हे खुदा कुबूल करले मेरी यह प्यार भरी सच्ची मोहब्बत।। बस गुजारिश हे रब से तु ही बने मेरी हर जन्म की रानी, तुझसे ही शुरू हो और तुझपे ही खत्म मेरी हर जन्म की यह सच्चे प्यार भरी कहानी।।

ज़रा-ज़रा सी रोशनी

ज़रा-ज़रा सी रोशनी,
कभी-कभी कर जाती एसी कमाल, जों घने अँधेरे को भी कर देती उजाल, कभी रोशनी की धीमी धार को देख कर, ना मजाक उडाना उस पर, धार जरुर धीमी हे,पर वह अभी-भी आग है, चाहे तो अभी भी कर दे तुम को राख है, तुम्हारी घमंड को कंरदे सुपुर्द ए खाक है, इसलिए कहता मेहनत कर , आग लगालो अपने अंदर-मन पर,

शायद आवाज गूंजे हर-मन्दर पर, होजाए कबूल तुम्हारी मेहनत, शायद ईस्वर होजाए सहमत, बस सही रख अपनी चाल, करता जा कमाल ही कमाल। तू जरूर बनेगा एक दिन, हर एक कमजोर दिए की मिशाल।

30. जयश्री प्रियदर्शिनी

|| अवसाद ||

खिल खिलाते चेहरे पर, अब बस फिकी मुस्कान दिखती है, नम आँखे झुकी हुई, वो अपनी जुबान बंद ही रखती है | मासूम सा दिल था उसका, बच्चों वाली शरारत , तोड़ गया वह दिल उसका, छीन ली उससे उसकी नज़ाकत | वो ना खत्म होने वाली बातें उसकी, अब होंठो पर गुमनाम है, फुल सी थी वह लड़की, अब ज़रा चुप चाप है | पूरा घर सर पर उठा लेने वाली, वह ज़िद्दी लड़की, आज चार दिवारो में खुदको बंद रखती हैं, कलमा पढती , दुआएं मांगती , उसके वापस आने की राहे तक़ती है | आइने से उसे नफरत होगयी थी, तस्वीरें चुभती थी, वह खुशनुमा लड़की, अब सर झुकाये जी रही थी | टूट चुकी थी वो, अवसाद से जूझ रही थी, मौत के क़रीब आकर भी, उसके लिए दुआ कर रही थी | जाते जाते कुछ लिख गयी वो, ऐ इश्क़ , किसीको इतना न तड़पा , न दे ऐसा अवसाद, प्यार नहीं है तो न सही, मत कर मुझे यूँ बर्बाद | जा रही हूँ तुझे छोड़ कर, अलविदा कहना भी नसीब न हुआ, मोहब्बत में मेरे कमी कहाँ थी , की तेरा मिलना मेरे मुक़द्दर को नसीब न हुआ | अलविदा !

~~जयश्री प्रियदर्शिनी

|| ईमानदारी के साथ (60) साल ||

4 साल का वह मासूम बच्चा , अपने पिता को महान बताते थकता नहीं | 6 साल का वह प्यारा बच्चा, अपने पिता को सर्वश्रेष्ठ कहते झिझकता नहीं | 10 वर्ष तक आते आते वह , अपने पिता को गुस्सा करने वाले बताता है | 12 वर्ष का वह खेलने वाला लड़का शिकायत करता है की, मेरे पिता मुझसे अब प्यार नहीं करते | 16 वर्ष का वह स्कूली बच्चा , अपने पिता को पुराने ख्याल का बताने से पहले सोचता भी नहीं | 18 वर्ष वह बालिक लड़का , अपने पिता को अव्यवहारिक कहते शर्माता नहीं हैं | 20 वर्ष का वह लड़का, अब अपने पिता से अपनी असंतुष्टि जताता हैं | 25वर्ष का वह जिम्मेदार लड़का , अब अपने पिता को अपना विरोधी कहलता है | 30वर्ष का अब वह भी पिता है, और अब अपने पिता को सहनशील बताता है | 40वर्ष के सफ़रनामे के बाद , वह अपने पिता को अनुशासित कहता है | 50वर्ष की आयु तक , वह अपने पिता को दूरदृष्टि वाले से सम्बोधित करता है | 60वर्ष की वृद्धा आयु पर, उसे सही माईने में पिता का मतलब समझ आया , और वह लिखता है , पिता से मेरी पहचान, पिता से मेरा नाम हैं , ईमानदारी की मिसाल हैं हर पिता, इन्हे नमन करते सुबह - शाम || *तुम सारी दुनिया ढूंढ आओ पिता से ज़्यादा ईमानदार कोई नहीं |* ~जयश्री प्रियदर्शिनी ?

31. फराह नाज़ी

~~"ईश्वर का वरदान"~~

उस विस्तृत नभ से तुलना करती मैं मार्मिक हृदय अपार की, जो तृषा को भी तृप्त करदे अबोध को इतना प्यार दे।। समुद्र जैसी है सहन शक्ति जो जल की सीमा एक ही रखती, न दुख दे किसी को न कष्ट दे, दुख पाये तो हँसते-हँसते सह जाती।। मन शीतल है जल सा, है मत विचार तुषार सी, जैसे जेठ में हो बरसात वरना, है गुस्सा आग सी अँगार सी।। वह सुजान है, उसमें ज्ञान है, अनाथों के लिए वह इक जान है,, हर भेद-भाव से वह अंजान है, न पूजो तो पत्थर, पूजो तो वह भगवान है।। ब्रह्मांड से लेकर पृथ्वी तक सर्वत्र उसका सम्मान है,, "स्त्री" के रूप में है पर वह ईश्वर का वरदान है।।

~~"जाने क्या बात है"~~

जाने क्या बात है तुझमें जो खिंचा चला जाता हूँ मैं, तुझे याद करता हूँ मैं और यूँ ही गुनगुनाता हूँ मैं।। जाने क्या बात है तुझमें जो तुझे देखना चाहता हूँ मैं, ख्वाबों में भी तुझसे और सिर्फ़ तुझसे बातें करता हूँ मैं।। जाने क्या बात है तुझमें जो तुझे ही चाहता हूँ मैं, तेरी ख़ूबसूरती को देखता हूँ और तुझे ही माँगता हूँ मैं।। जाने क्या बात है तुझमें जो एक ही लफ़्ज़ कहता हूँ मैं, तेरे ख़यालों में खोया रहता हूँ बस, तेरा ही नाम लेता हूँ मैं।। जाने क्या बात है तुझमें जो खिंचा चला जाता हूँ मैं।।

32. प्राची वर्मा

जीवन क्या है?

जीवन क्या है? सिर्फ एक मिथ्या है | माता ,पिता भाई उनका,
प्रेम भी पवित्र है| मर कर एक दिवस , सबको चले जाना है| जो
कर्म किए , फिर नया जन्म पाना है | यही जीवन का सार है ,
यही शाश्वत सत्य है | माना दुनिया है झूठी , आत्मा हमारी मित्र
है | पर एक सच मैं भी अवगत करा दू , दुनिया के सबसे बड़े
सत्य से मिला दू | माँ पितु का प्रेम भले ही क्षणभर है, पर माँ -
पितु के प्रेम को वो भगवान भी तत्पर है| माना ये संसार ,
कारोबार सब मिथ्या है , पर भगवान विष्णु ने भी पुत्र बन , इस
मिथ्या को पाया है | संसार का उद्धारक खुद ममता के लिए ,
क्षणभर को आया है | लिए रूप कभी राम - कभी कान्हा के ,
ममता को पाया है | शास्वत सत्य है ममता भी उतनी, जितना
मृत्यु का साया है | लीला भू पर करी है खूब , स्वयं वो लीलाधर
भी खा बच पाया है | झुका सर सारे संसार का , जब पारवती को
भी क्रोध आया है | धर लगा जो गज का , संसार ने गणेश को
पाया है | शाश्वत सत्य है ममता, जिसने मृत्यु को भी झुकाया है |
भरहमा , विष्णु , महेश भी आगये धरा पर , माता अहिलाया ने
जो उन्हें पुत्र बनाया है | झुक जाती है सारी दुनिया , जब जब
माता ने बुलाया है | अरे , एक बार फिर कहती हू माना , मृत्यु
शाश्वत सत्य है | पर मात -पितु का प्रेम भी , शास्वत सत्य है
और पवित्र है |

प्राची (जिया)

शिव ही सत्य है

शिव ही सत्य है बाकी सब मिथ्या है शिव से ही संसार है शिव के बिना सब बेकार है शिव से ही अस्तित्व है शक्ति के बिना शिव शव है भक्ति की राह है शिव शक्ति की चाह है शिव हर मुख पे शिव हर व्यक्ति का स्वास है शिव हर सच्चे प्रेमी के एहसास मे है शिव हर सच्चे भक्त के मार्गदर्शक है हर भक्त के रक्षक है हर धुन का राग है शिव क्रोधाग्नि की आग है शिव शिव ही शिव सब मे रमा है कण कण मे शिव का नाम बसा है

33. सिद्दो

न मौत से डरता हूँ

न मौत से डरता हूँ, न ज़िन्दा रहने से डरता हूँ। मैं तो बस आज कल के लोगों से डरता हूँ। विश्वास भी लोगों पे करके, मैं अक्सर गलती करता हूँ। और जो एहमियत, उसको ही मैं एहमियत यूँ ही देता हूँ। न घर का हूँ, न घाट का हूँ। जो भी अपना माने मुझें मैं उसके दिल में एक विश्वास का हूँ। और जितना भी, बुरा समझना है, समझ लो मुझे। क्योंकि मैं बुरा भी अपने हालत का हूँ। और साथ दे मेरा, उसके लिए भी एक आवाज़ का हूँ।

~sidd ©Siddkekhyal

नम्बर

नम्बर भी उसका डिलीट हो गया, पर दिल मे उसको आज भी रखा, हैं। कुछ लोग ऐसे भी आए, मेरी ज़िंदगी में, की उनको आज भी हमने, अपनी यादों में रखा हैं। भूल गए हैं हमें समय के साथ, युही, पर हमने तो आज भी उनके लिए, दिल मे स्थान बना के रखा हैं।

©sidd ~siddkekhyal

34. मोहम्मद हाशिम फारूकी

•••~ये दुनिया है~•••

हर तरफ ग़म के ही अम्बार हैं ये दुनिया है, और सभी सुख के तलबगार हैं ये दुनिया है। ऐसी दुनिया कि जहां गम में सभी तन्हा हैं, शादमानी में कई यार हैं ये दुनिया है। जो खड़े रहते हैं हर दुःख में, परेशानी में, सबकी नज़रों में वो ग़द्दार हैं ये दुनिया है। मुल्क को बेच के कंगाल कर दिया जिसने, वो ही कहलाते वफादार हैं ये दुनिया है। सामने फूल लिए फिरता है हर कोई यहां, मुड़के देखो कई तलवार हैं ये दुनिया है। ईद-दीवाली गुज़र जाती है तन्हा तन्हा, नाम भर के सभी तेहवार हैं ये दुनिया है। अहले मैख़ाना तो बदनाम हैं यूंही यारों, मुल्ला-पंडित भी गुनहगार हैं ये दुनिया है। माल-ओ-ज़र देख लें गर पास तो फिर अपने ही, जान लेने को भी तैयार हैं ये दुनिया है। सड़क पे हादसा देखें तो कैमरा लेकर, देख लो कितने मददगार हैं ये दुनिया है। लोग मैयत को भी नहलाने से कतराते हैं, और कहने को तो ग़मख़्वार हैं ये दुनिया है। बा'द मरने के फ़क़त तुझको ही क्यूँ याद करें, तेरे जैसे कई फनकार हैं ये दुनिया है। तू अकेला ही सुखनवर नहीं दुनिया में 'हशीम', तुझसे बढ़कर भी क़लमकार हैं ये दुनिया है।

मो॰ हशीम फ़ारूकी

हज़ार खूबी

हज़ार ख़ूबी अयां जिसके एक नाम में है, झलक उसी की मेरी सुब्ह और शाम में है। मैं शाद क्यूँ ना रहूँ ऐसे शख्स से मिलकर, कोई पयाम छुपा जिसके हर सलाम में है। उस एक निगाह से जैसा कशीद करता हूँ, नशा कहाँ कोई वैसा किसी भी जाम में है। वो आ रहे हैं तो बाज़ार की ये हालत है, लगी हुई कोई आतिश गुलों के दाम में है। मैं क्यूँ ना लब पे सजा लूँ कोई हसीन ग़ज़ल, कि उनसे मिलने का वादा भी आज शाम में है। 'हशीम' इसलिए मशहूर हो भी सकते हो, जो तुमने शे'र लिखा उनके एहतराम में है।

मो० हशीम फ़ारूक़ी

35. आनंद कुमार गोस्वामी

क्योंकि वह एक लड़की हैं

क्योंकि वह एक लड़की हैं| खुशियां तमाम है , लाख गिले हैं मुस्कान हमेशा चेहरे पर खिलती हैं क्योंकि वह एक लड़की हैं|| कुछ झल्ली सी , कुछ भोली सी कुछ तुम सी ,कुछ मुझ सी क्योंकि वह एक लड़की हैं|| चली आ रही है , कहीं दूर से एक लड़की अकेले कभी गिरती है , कभी संभलती है क्योंकी वह एक लड़की हैं|| बिना सोचे , बिना डरे वो समाज से लड़ पड़ती है हंसते हंसते सह लेती है सब गम क्योंकि वह एक लड़की है||

क्योंकि वह एक लड़की हैं| खुशियां तमाम है , लाख गिले हैं मुस्कान हमेशा चेहरे पर खिलती हैं क्योंकि वह एक लड़की हैं|| कुछ झल्ली सी , कुछ भोली सी कुछ तुम सी ,कुछ मुझ सी क्योंकि वह एक लड़की हैं|| चली आ रही है , कहीं दूर से एक लड़की अकेले कभी गिरती है , कभी संभलती है क्योंकि वह एक लड़की हैं|| बिना सोचे , बिना डरे वो समाज से लड़ पड़ती है हंसते हंसते सह लेती है सब गम क्योंकि वह एक लड़की है||

36. गरिमा अग्रवाल

कई रस्मो से गुज़र कर

कई रस्मो से गुज़र कर आज ये साथ बना है बंधन में नए जो आज बंधा है कई मुस्कानों कई ठहाकों कइ रिवाज़ो के बाद बंधा है रिश्ता अपना जो आज बंधा है कई दुआओं कई मिन्नतों के बाद बँधा है रिश्ता मोहब्बत का जो आज बंधा है

प्यार हुआ

प्यार हुआ, इकरार हुआ, निगाहों-निगाहों में ही इज़हार हुआ, ख़ामोशी में दबा, एक हुंकार हुआ, जिसमें कतरा भी ना, इंकार हुआ, दो दिलों की धड़कनों का एक होना हुआ, की मिलन जैसे सदियों की दरख्वास्त हुआ। इज़हार मेरा, इकरार उनका कुछ इस क़दर हुआ, चेहरे पर हया को मेरे गुलाल सा रंगता हुआ, होठों पर मुस्कुराहटों को बिखेरता हुआ, मीठी-महकी हवायों का इठलाना हुआ, बाहों में मेरा, उनकी सिमटना हुआ, ऐसे ही तो नज़दीक मेरे, उनका आना हुआ।

37. सुनैना कुमारी

क्योंकि मैंने

क्योंकि मैंने कुछ बातें अनसुनी कर दी किसी के चाहतों की सब मुरादें छोड़ दी खुश रहने लगी हूं पहले से ज्यादा जब से किसी से उम्मीदें छोड़ दी क्योंकि मैंने कुछ बातें अनसुनी छोड़ दीं|| जिंदगी के गिले-शिकवे से जिंदगी ना जीने कि उम्मीदें छोड़ दी बीते हुए कल को अंधेरे में रखना छोड़ दी क्योंकि मैंने कुछ बातें अनसुनी कर दी|| हां शायद सब कुछ ही खो दिया मैंने इन सारी बातों को अब सोचना छोड़ दी अपनी हर ख्वाहिश को ना पूरा करने की उम्मीदें छोड़ दी क्योंकि मैंने कुछ बातें अनसुनी कर दी!

38. गरिमा अग्रवाल

तुम्हे कल रात

तुम्हे कल रात ख़ुवाब में देखा मानो जैसे पहली बार देखा कोशिश
की हज़ार रोकने की फिर भी निहारने लगा तुम्हारी मौजूदगी से
फिर महक गया तन मन मेरा आंख खुली मेरी तुम्हे बिस्तर के
दूसरी ओर ढूंढा तुम्हे ना पाया आंखो को करार ना आया फिर
आंखो से आंसुओ का एक सैलाब आया पुकारा तुम को बेतहाशा की
पकड़ लो मुझे थाम लो मुझे क्यों नहीं आता तरस तुझे याद आया
3 साल पहले छिन गया तुम्हारा साया क्या गलती थी मेरी जो
जान निकाल दी तूने मेरी मैं भटकता रहा हूं अब तक टेढ़ी मेढ़ी
हर गली नहीं आने वाले अब वो जो चले गए याद के नाम पर
कुछ ज़ख्म छोड़ गए

यूं तो पृथ्वी पर

यूं तो पृथ्वी पर अनगिनत प्राणी है परन्तु मनुष्य उन सब से
ज़्यादा संवेदनशील है उसे पता होता है क्या सही है क्या गलत है
क्या करना चाहिए और क्या नहीं और हमेशा से ही वह इसी
मझदार में फसा रहता है और जीवन का आनंद नहीं ले पाता
जीवन तो रेत के समान है जितना मुठ्ठी में लो उतना फिसल
जाता है क्या करना चाहिए और वह क्या करना चाहता है उसकी
चाहत क्या है हमेशा सा ही वह इन दोनों चीजो के बीच एक
विशालकय घाटी पता है वह एक मार्ग चुने तो दूजे की चिंता

करता है और दूजा चुने तो पहले की यही विडम्बना से जूझता रहता है कभी कभी उसकी यह संवेदनशीलता उसके दृढ निश्चय ना कर पाने का कारण बनती है अगर किसी मार्ग पर तुम्हारी चाहत है तो उस रास्ते पे जा कर क्या अफसोस करना, अफसोस तो तुम्हे तब करना चाहिए जब तुम उस रास्ते पे ना चलो | एक पतंगा अपनी चाहत पाने को शमा तक पहुंचने में खुद का जीवन भी त्याग देता है और आह भी नहीं करता | अगर हमने किसी मार्ग, व्यक्ति को चुना है तो उसी पर अटल रहो परेशानियां तो आयेंगी और जाएंगी तुम्हे अपने मार्ग पे जो तुमने चुना या कोई व्यक्ति जिसको अपने चुना है उसी के साथ रहो और ना रह पाओ तो वो भावना जो तुम्हे उस रास्ते पर ले गया था वो भावना जो उस व्यक्ति तक ले गया था उसके साथ रहो | आखिर में मैं हरिवंश बच्चन जी की एक कविता है अग्निपथ उसको याद करना चाहूंगा उसमे बच्चन जी ने कितनी खूबसूरती से अपने मार्ग पे रहने को कहा है | कहने का तात्पर्य यही है के आप अपनी फैसले पर अटल रहो और खुद पर विश्वास होना चाहिए

39. पंखी शर्मा

शुरुवात

शुरुवात तो हो चली थी उस जंग में कुद हज़ारों गए थे करोरों में लोग भी निकल आए थे। वो हवायें वह माटी को चोर भिर एक लक्ष्य पे निकल चुका था। धूल मिट्टी, खून पसीना छोड़ वह भीड़ बस चल पड़ता था नारेबाज़ी जोरोशोरों से थी हर एक के सीने में बस दर्द और मक़्सद था, लेहर थी एक एह्सास थी आज़ादी की, उन फिरंगियो से अपने भारत माँ को आज़ाद कराने की भूख थी।। जनानि, बच्चे बूढ़े हर एक के आंसून से बस खोलता हुआ गुस्सा था दंगे दहशत से निकलने की आरज़ू भी थीं, माहाराजाओं से लेकर राजकुँवरियों तक से लेकर हर सदी का इंसान बस आज़ादी के आग में कुदता गया। आंगिणत बीर सेनानीयों सा एक बिन नाम का शहीद बनता गया।। देशक बित्ते गै एक सदी और बिति, लड़ना झगड़ना, षड्यंत्र रचना बेवफाई का साथ देना बिश्वासघात तो बस खेल सा बन चुका ता अपने परायों से बनते गए। जुबाँ में आज़ादी के नारे, दिल में दर्द दिमाग में आज़ादी का मक़्सद लिये हर एक इंसान ने थानी थी, यु कुर्बानियां भी चलती रही अपने माटी के नाम।। एक सदी बीतने को और आ गयी थी अचानक, एक सुनहरी सुबह का आगाज़ होने को आ रहा था, आजादी के स्वप्न देखने वाले हक़ीक़त बनाते गये कुरबान होते गए। बीरों सा लड़कर शाहीदों में गिनते गए, ताकी अपना वतन फिर आज़ाद पंछी सा लेहराए फिर खुले आसमान में उड़ाने भड़ने को आऐ सओने की चिड़ियाँ फिर कहलाए अज़ादी का गुलाल तिन रंगो में फिर उड़े । ।

मारदानी सेनानियाँ एक जंग आखिर जीत ही गए थे, नीले अम्बर के बदलों के बीच से तिरंगा शान से फिर लहराने लगा था, लाखों करोरो की बलिदान थी, आखिर इस तिरन्गे के आन की रक्षा के लिये। ताकी यह हर सुबह इसी शान से लेहराए एक शुरुवात बीर सेनानीयों से हो चलि थी एक जंग की उस तिरन्गे के शान की उस शान की। एक शुरुवात और हो चली थी।

शौक पुरे कर लेते है

सुनो कुछ शौक पुरे कर लेते है कुछ तुम्हारे कुछ मेरे नए पुराने शौक पुरे कर लेते है।। कभी तुम मुझसे पुरे कर लिया करना कभि में तुमसे खुड़के शौक पुरे कर लुंगि कभी तुम मुझमे, में तुममे खुश हो लिया करूँगि कभी बातें बिन कहे समझ लिया करूँगि कभी साथ में तो कभी अलग रहकर भी सुकून ढूंढ लिया करूँगी। कभी शौक से बातें भी करेंगे, और दूरियों में शौक से एक दूसरे को याद भी कर लिया करेंगे।। सुनो कुछ शौक पुरे कर लेते है वहा तुम बैठे चाय की चुस्कियां लेना मे कभी सर्दियों में गरम तेल में पकोड़े टोल दिया करूँगी।।। कभी स्ट्रांग कॉफ़ी तुम पिलाना मिठाई के डिब्बे में भर दया करूँगी।। कभी तुम पार्टीज में चले जाय करना कभि में खुद पार्टी अरेंज कर लिया करूँगी कभी तुम क्लबहाउस के डिस्को पार्टी लाइट्स में अपने फ्रेंड्स के साथ डांस कर लिया करना। कभि में अपने बेस्ट फ्रेंड को घर बुलाके पागलपनती में दिन गुज़ार लुंगी ।। कभी तुम गर्मियों के मौसम में बिरयानी का मजा ले लेना, में बारिश में आइस क्रीम को महसूस कर लिया करूँगी।। चलो हर मौसम हर जगह हर पहलु में नए पुराने शौक फिर पूरा करते है, फिरसे ज़िन्दगी के उधेरबून्द के बिच खुदको जीते है।। सुनो न कुछ शौक फिरसे पुरे कर लेते है सुनो कुछ शौक पुरे कर लेते है कुछ तुम्हारे कुछ मेरे नए पुराने शौक पुरे कर लेते है।।

40. सह-लेखकों की तस्वीरें

41. 1-8 तक तस्वीरें

42. 9-16 तक तस्वीरें

43. 17- 24 तक तस्वीरें

44. 25-32 तक तस्वीरें

45. 33-39 तक तस्वीरें